Franz Benno Fuchssteiner

Beschreibung der Klosterkirche zu Waldsassen

Franz Benno Fuchssteiner

Beschreibung der Klosterkirche zu Waldsassen

ISBN/EAN: 9783743339842

Hergestellt in Europa, USA, Kanada, Australien, Japan

Cover: Foto ©ninafisch / pixelio.de

Manufactured and distributed by brebook publishing software (www.brebook.com)

Franz Benno Fuchssteiner

Beschreibung der Klosterkirche zu Waldsassen

Beschreibung
der
Klosterkirche zu Waldsassen.

Von

Franz Benno Fuchssteiner,
Pfarrer zu Waldsassen.

„Das Haus Gottes ist herrlicher und verehrungswürdiger, als der Palast eines Königs."

S. Chrysostomus.

Mit einer Abbildung.

Amberg.

Druck und Verlag der Fr. Pustet'schen Buchhandlung.
(J. Habbel.)

Widmung.

Gott, dem Herrn zu Lieb' und Ehr'!
Meinem Pfarrvolk' dann zur Lehr',
Allen Fremden nach Begehr,
Alter Zeit und Kunst zur Wehr',
Die so fromm war und so hehr.
Daß sie doch bald wiederkehr', —
Dieses walte Gott, der Herr!

Der Verfasser.

Vorrede.

Zweck und Absicht vorliegender Schrift ist in gedrängter Kürze in der Widmung ausgesprochen, und ich glaube sowohl den Pfarrangehörigen, als auch den fremden Besuchern damit einen angenehmen und nützlichen Dienst erwiesen zu haben.

Die Klosterkirche Waldsassen zählt unstreitig zu den größten und schönsten Kirchen nicht allein in der ganzen Oberpfalz, sondern wohl auch weit und breit herum im Bayerlande.

Sie wird um so interessanter und bewunderungswürdiger, je mehr man sich Kenntniß und Verständniß ihrer Structur und Sculptur, ihrer Gemälde und Ornamente verschafft. Dahin ging mein Streben. In wie weit es mir gelungen ist, muß ich dem Urtheile des geneigten Lesers überlassen. Es wird dieses um so billiger ausfallen, wenn ich gestehe, daß mir keine andere Quelle zu Gebote stand, als „Brenners Geschichte des Klosters und Stiftes Waldsassen." (Nürnberg 1837 bei Riegel und Wießner.)

Sollten in der Beschreibung dieses herrlichen Gotteshauses sich Unrichtigkeiten oder irrige Anschauungen eingeschlichen haben, was bei dem Reichthume seiner Ausstattung wohl möglich wäre, so wird deren Berichtigung stets dankbarst angenommen.

Möge dieses Schriftchen Allen ein **freundliches Andenken** sein und in ihnen jene **thatkräftige Begeisterung alter Zeit für Religion und christliche Kunst** wecken, welche diesen ehrwürdigen Tempel geschaffen.

Der Verfasser.

Einladung.

Im nordöstlichen Theile der Oberpfalz Bayerns, auf üppigem, wellenförmigem Wiesen- und Ackerlande, das von dunklen Waldungen wie mit einem grünen Kranze umsäumt ist, da, wo die Schienen der Ostbahn in das nur mehr eine Meile fern gelegene schöne Egerland sich hineinstrecken, erheben sich majestätisch in die luftigen Höhen die mit Laternenkuppeln bedeckten und mit goldglänzenden Kreuzen geschmückten Doppelthürme der altehrwürdigen Klosterkirche

Waldsassen,

welche, im italienischen Style erbaut, gegen Norden das Quadrat schließt, des breistockhohen, massiven Klostergebäudes des ehemaligen Cistercienser-Stiftes, welches jetzt die Cistercienserinen bewohnen.

Stolz und mächtig, wie ein Riese sich erhebend, blickt der kolossale Bau auf die Häuser und Häuschen hernieder, die theils um ihn herumliegen, theils an der Bahnstrecke, wie Wachtposten sich aufgestellt haben, als wollte er Heerschau halten über die winzigen Gebilde der Neuzeit. Im Halbkreise von dem Schienenwege umzogen, tritt fast der ganze Kirchen- und Klosterbau in den Gesichtskreis der Eisenbahn-Passagiere, und einmal ersehen, fesselt er nicht nur das Auge, sondern übt zugleich einen so mächtigen Reiz auf den fernen Beschauer, daß er sich mit unwiderstehlicher Gewalt angezogen fühlt zum Besuche dieses altehrwürdigen Riesenbaues zur Ehre Gottes.

Ja, komm' und sieh', — es lohnt sich der Mühe!

A. Das Aeußere der Kirche.

I. Umfang, Größe und Bauart.

Der Bau der Kirche von Außen hat eine Länge von 290 Fuß. Die Façade, mit Einrechnung der Thürme ist 90, und die Schlußwand des Presbyteriums gegen Osten 52 Schuh lang. Die Höhe vom Pflaster bis zur Gibelspitze beträgt 116 Schuh, und die größte Tiefe des Grundbaues, die Gruft mit 13 Fuß Höhe eingerechnet, 80 Fuß. — Sie ist im italienischen Style, aus Quadersteinen mit schwachem Mörtelanwurfe gebaut und hat die Kreuzesform und regelrechte Richtung nach Osten.*)

---

*) Die Kirche in ihrer jetzigen Gestalt wurde unter dem Abte **Albert Hausner** (1690—1710) erbaut. Der Grund-

II. Die Façade.

Die Façade des Kirchenschiffes mit den beiden Thürmen gewährt einen imposanten Anblick. Das **Hauptportal** hat zu beiden Seiten zwei Granitsäulen, welche auf hohen Sockeln stehen. Ueber demselben ist ein **breites Fenster** in Form eines flachen Kreisbogen. In der Mitte von Unten nach Oben zieht sich ein die beiden Thürme berührendes **Rundbogengesims**. Unter demselben ist ein **großes längliches Rundbogenfenster**, und über dem Bogen ein ähnliches, wie unten über dem Portale. Außer diesen Fenstern schmücken noch andere symmetrisch vertheilte kleinere Rundbogenfenster und Nischen die Façade.

Der **obere Theil**, nämlich der Giebeltheil, bildet ein **Dreieck**, dessen innere Fläche ohne Verzierung ist. Auf der **obersten Spitze** des Dreieckes steht auf einem 4 Fuß hohen Piedestall die **Statue des Weltheilandes** 9½ Fuß hoch, und an den beiden Enden des Dreieckes auf Sockeln Wasen aus Granit.

---

stein wurde im Jahre 1685 gelegt. Drei Baumeister bauten an derselben: 1. Abraham Lentner aus Prag, 2. Georg Dießenhofer aus Aibling (Bayern) und 3. Leonhard Schießer aus Windischsteig (Oesterreich). Den Dachstuhl baute Thomas Wolf. Nachdem man 24 Jahre daran gebaut hatte, ward sie 1704 vollendet und am 20. November beßelben Jahres vom Weihbischof, Baron v. Rumel von Regensburg, eingeweiht.

Das Mauerwerk der Thürme ist 132 Fuß hoch. Die mit Kupfer beschlagenen Kuppeln der Thürme haben die Laternform und eine Höhe von 69½ Fuß. Auf ihrer Spitze erhebt sich ein 6 Fuß hohes, schöngeformtes, goldglänzendes Kreuz. Die Höhe der Thürme beträgt daher mit Einrechnung des Kreuzes 207½ Fuß. — Die Glocken befinden sich im südlichen Thurme; es sind ihrer nur drei, jedoch von harmonischem Klange.

B. Das Innere der Kirche.

I. Im Allgemeinen.

Die ganze Länge der Kirche im Innern von der Wand hinter dem Hochaltare bis zur Wand des Einganges beträgt 268 und bis zur geschlossenen Thüre des Hauptportales 277½ und die Breite mit Einrechnung der Kapellen 79 Fuß.

Die Großartigkeit des inneren kreuzförmigen Raumes, die hohen Rundbogen zu den Seitenkapellen mit ihren mächtigen Zwischenpfeilern, das Kolossale der Statuen, die Pracht der Gewölbe und ihrer Quergurten, der Reichthum der Gemälde und Ornamente, die eigenthümliche

Färbung und Abwechslung der Farben — das Alles präsentirt sich dem Auge mit einem Male schon gleich beim Eintritte in die geheiligten Räume und macht bei dem im Innern herrschenden milden Lichtscheine einen überwältigenden Eindruck auf das Gemüth des Beschauers. — Die innere Ausstattung dieses herrlichen Gotteshauses ist so großartig und mannichfaltig, so reich und interessant, daß man sich mit einem allgemeinen Um- und Ueberblick nicht begnügen darf; es ist nothwendig und lohnend, es in seinen einzelnen Theilen zu besichtigen.

II. Die einzelnen Theile der Kirche.
Die Vorhalle.

In die Vorhalle führen drei Thüren; die Thüre des Hauptportales und zwei Seitenthüren. Zu beiden Seiten des Hauptportales ist ein rundbogiges Fenster. — Die Mauerdicke des Einganges beträgt 9½ Fuß. Von der Wand des Einganges bis zum eisernen Gitter sind es 6½ Fuß. Die Breite, von einer Seitenthüre zur andern beträgt 42 Fuß. Rechnet man den innern Raum der beiden Thürme hinzu, so mißt der ganze Raum von den Eingängen in die Thürme in der ganzen Länge 88½ Fuß. Die Vorhalle ist von dem Kirchenschiffe durch ein eisernes, zierathenreiches Gitter abgeschlossen, das sich in drei Thüren eröffnet.

Das Presbyterium.

Das Presbyterium ist 105½ Fuß lang und 39 Fuß breit, liegt nur um einen halben Fuß höher, als das Planum des Kirchenschiffes und hat ein längliches Rundbogengewölbe, welches zu beiden Seiten auf je fünf Pfeilern und der aufrechtstehenden Schlußwand ruht. Diese sowohl, wie auch die beiden Seitenwände und namentlich das ganze Rundbogengewölbe des Presbyteriums verdienen besondere Beachtung.

1. Schlußwand.

Oben an der Schlußwand ist das Gründungsdatum zu lesen: Fundatum
MCXXXIII.
[Gegründet 1133.]

und am nächstfolgenden Querbogen das Datum der Restauration: Restauratum
MDCXCVI.
[Restaurirt 1696.]

Im Rundbogen an der aufrechtstehenden Wand über dem Hochaltare war ein Freskogemälde, welches die Vision der Mönche bezüglich der Einweihung der Kirche darstellte, leider aber jetzt ganz unkenntlich ist.

Es erzählt nämlich die Chronik: Als die Mönche mit Wigand und Gerwich in der Nacht, wie gewöhnlich, zum Gebete aufstanden, umgab sie ein himmlischer Schein, bei dessen Lichte sie eine große Procession von Priestern sahen. Zuletzt kam einer im bischöflichen Ornate, der Altar und Kirche einweihte. Nach dem feierlichen Akte rief derselbe den Prior aus dem Verstecke der Brombeer=stauden, wohin sie sich voll heiliger Scheue geflüchtet hatten, hervor und redete ihn freundlich an: „Fürchte Dich nicht! Ich bin der Evangelist Johannes,*) gesendet vom Herrn, diesen Ort mir und seiner heiligen Mutter einzu=weihen. Der Dienst Gottes daselbst wird, so lange es Gott gefällt, nie ganz darin aufhören; aber Vieles müssen dessen Diener leiden, damit sie geprüft durch Trübsale einziehen können in das Reich des Herrn." Hierauf ver=schwand die Erscheinung. An deren Stelle aber erschien eine ungeheure Menge Wölfe, die gegen den Himmel die Zähne fletschten und fürchterlich heulten, den Neid der Hölle oder auch die vielen Verfolgungen und künftigen Unglücksfälle des Klosters andeutend.

2. Die Deckengemälde des Presbyteriums.

Das Rundbogengewölbe mit seinen von Joh. Jak. Steinfels ausgeführten Freskomalereien stellt die ganze Geschichte der Entstehung des Klosters Wald=sassen dar und ist in fünf Felder abgetheilt, welche fol=gende Darstellungen enthalten:

---

*) Ist auch der Kirchenpatron.

1. Das erste Feld, wie Bischof Kuno von Regensburg dem frommen Mönche Gerwich die schriftliche Vollmacht überreicht, in seinem Bisthumssprengel sich einen geeigneten Ort zur Zurückgezogenheit von der Welt wählen zu dürfen, mit einer bittlichen Empfehlung an die Herrschaften jener Gegend, um gnädige Aufnahme und Förderung seines Vorhabens.

Gerwich war ehedem Benediktinermönch im Kloster Sigeberg unweit Cöln, welchem Kuno, später Domprobst zu Regensburg und Professor an der Sorbonne zu Paris, vorstand. Im Jahre 1126 wurde Kuno zum Bischofe von Regensburg erwählt. Auf seiner Rückreise von Paris über Sigeberg, nahm er den eifrigen Mönch Gerwich mit nach Regensburg. Allein, er fühlte sich hier nicht heimisch, sondern sehnte sich wieder nach der Einsamkeit. Erst nach langem Bitten erhielt er hiezu die Erlaubniß vom Bischofe.

2. Das zweite: Markgraf Diepold trifft auf einem Jagdritte von Eger her in seiner Waldung die Mönche, welche eben mit dem Fällen der Bäume zum Baue einer Einsiedelei*) beschäftigt, darob von ihm zur Rede gestellt wurden, wer ihnen hiezu die Erlaubniß gegeben hätte. Gerwich überreichte ihm das Schreiben des

---
*) Die Mönche nannten diese Ansiedlung zum Andenken an Gerwichs Stammhaus „Cölnergrün", später uneigentlich „Köhlergrün" benannt.

Bischofs Kuno. Da springt der Markgraf vom Pferde*)
und erkennt seinen Jugendfreund Gerwich wieder, zeigt
ihm die von ihm beim Turniere erhaltene nun glücklich
wieder geheilte Wunde, und ertheilt ihm nicht blos die
Erlaubniß zur Gründung eines Klosters, sondern dotirte
es auch mit den Einkünften von dreien seiner Dorfschaften.

Nach der Chronik stammt Gerwich aus dem Geschlechte der Grafen von Wolmundstein in Westphalen und trieb in seiner Jugend nach damaliger Sitte das Waffenspiel. Bei einem Turniere (1117), wo die Gegner, ohne sich zu kennen, einander gegenüber standen, verwundete Gerwich seinen intimsten Freund den Markgrafen des Nordgaues, Diepold von Vohburg, durch einen heftigen Lanzenstoß am Halse, anscheinend tödtlich. Als Gerwich nach Abnahme des Helmes des Verwundeten seinen Freund erkannte, brach er in laute Klagen aus, entsagte allen Waffenspielen und der Welt, und begab sich in das Kloster Sigeberg, wie bereits erwähnt. Hier, im Walde trafen beide Freunde sich wieder nach Gottes Fügung.

3. Das dritte Gemälde zeigt die Mönche beschäftiget mit der Ausreutung des Waldes.

4. Das vierte, die Bekleidung Gerwichs mit dem Ordensgewande der Cistercienser, durch den hl. Bernhard

---

*) Der Hintertheil dieses Pferdes ist überall sichtlich — eine beliebte Spielerei früherer Maler — und gilt das Wissen davon als Wahrzeichen, diese Kirche besichtigt zu haben.

von Clairvaux, der damals mit der Reform der Klöster sich beschäftigte.

5. Das fünfte, versinnbildet Waldsassen als das 100ste Schäflein auf den Schultern des guten Hirten, weil es als das 100ste Kloster dem Cistercienser-Orden einverleibt wurde.

3. Südliche Seitenwand.

Auf der südlichen Wandseite ist die jetzige Sacristei,*) zu welcher eine eichene Thüre führt. Auf dieser Seite ober den Chorstühlen sind mehrere Oratorien mit breiten, rundbogigen Fenstern. In der rundbogigen Maueröffnung stand einst die **Chororgel**.

Zwischen den oberen Fenstern und über den Karnießen der Kapitäle sind **fünf Medaillons mit den Bildnissen** von Päpsten, Carbinälen und Erzbischöfen.

Ueber diese Medaillons und Fenster zieht sich durch die ganze Wandlänge des Presbyteriums ein **breites Gesims**.

4. Nördliche Seitenwand.

Auf der nördlichen Seite, gegenüber der Sacristei, ist eine ähnliche Thüre, welche zur **Aufbewahrungskammer**, zum sogenannten Kerzenthurm führt. Ober

---

*) Die gegenwärtige war früher eine Paramentenkammer. Die Thüre rechts vor den Hochaltarstufen führte zur ehemaligen Kloster-Sacristei.

dieser Thüre sind über einander zwei Fenster, entsprechend den Fenstern auf der südlichen Seite. Zwischen den Pfeilern der nördlichen Seite des Presbyteriums sind vier längliche hohe Rundbogenfenster mit je einem fast unmittelbar über diesen — runden Fenster. Oberhalb der Kapitale sind ebenfalls fünf Medaillons mit Bildnissen, wie auf der Gegenseite, und zieht sich über dieselben, wie jenseits, das Gesims.

5. Ober dem Gesimse der beiden Seitenwände.

Auf den beiden Seiten ober dem Gesimse, sind je fünf etwas kleinere rundbogige Fenster, von denen jedes von je zwei großen Engelsgestalten in die Mitte genommen wird. Ihre Stellung ist der Art, als wollten sie die Gewölbe stützen.

Von diesen Fenstern aus zieht sich ein muschelförmiger Ausschnitt in das Gewölbe des Presbyteriums hinein, in deren Vertiefung sich gemalte Engel befinden, welche die Leidenswerkzeuge des Herrn tragen.

Zu beiden Seiten des mittleren Gewölbefensters sind je zwei Medaillons mit den Bildnissen der Evangelisten, links Matthäus und Lucas, rechts Marcus und Johannes.

6. Die Chorstühle mit ihren Sculpturen und Bildern.

An die Thüren zu beiden Seiten, Eingangs des Presbyteriums, schließen sich unmittelbar an je zwei

Reihen Chorstühle, im Renaissance-Style, von Martin Hirsch, einem Bildhauer von Waldsassen gefertigt, deren eine Reihe niederer, die andere nur um ein paar Stufen höher ist; die höhere zählt 18, die niedere 16 Sitze; sie sind mit sehr schön geschnitzten Engelsfiguren und Ornamenten verziert.

Ueber den Chorstühlen stehen abwechselungsweise Apostelstatuen und ovale Bilder, dem alten Testamente entnommen und gemalt von Jos. Claudius Mona aus Prag (1701).

a. Auf der rechten Seite eröffnet die Reihe eine Engelsstatue, neben welcher ein ovales Bild ist, den hl. Bernhard mit seinen Mönchen im Chorgebete darstellend; sodann folgen sechs Apostelstatuen, zwischen welchen sich folgende Bilder befinden:

1. Susanna in der Versuchung.
2. Jonas im Bauche des Meerfisches.
3. Der fromme Job auf der Düngerstätte.
4. Der Sieg der Judith.
5. Der Sieg Davids über Goliath.
6. Die Leiter Jakobs.

b. Auf der linken Seite: zuerst eine Engelsstatue, hierauf abermals ein Bild des heiligen Bernhard seine Mönche ermahnend und aneifernd zum anbächtigen

Gebete;*) dann die übrigen sechs Apostel, dazwischen folgende Bilder:
1. David in der Buße.
2. Elisäus schreitet mit dem Mantel des Elias trockenen Fußes durch den Jordan.
3. Der junge Tobias, den Fisch aus dem Meere ziehend.
4. Samson, mit der Keule die Philister erschlagend.
5. Moses schlägt mit seinem Wunderstab an den Felsen.
6. Jakob mit dem Engel ringend.

---

*) Beide Darstellungen des hl. Bernhard mit seinen Mönchen beziehen sich auf eine Vision, welche der Heilige einst während des Chorgebetes hatte. Er sah nämlich da und dort viele Engel, welche genau Acht hatten und aufzeichneten, wie die Mönche ihre Chorgebete verrichteten. Die Gebete von einigen sah er mit Gold=, von andern mit Silberfarbe, von einigen mit Tinte, endlich von Andern mit blasser, wie mit Wasserfarbe aufzeichnen — nach der verschiedenen Aufmerksamkeit und nach dem Geiste, mit welchem jeder betete oder sang. Von einigen wurde gar nichts aufgezeichnet, weil sie zwar dem Leibe nach gegenwärtig, dem Geiste und den Gedanken nach aber weit, weit abwesend und in ungebührliche Dinge zerstreut waren. Am geschäftigsten waren die Engel beim „Te Deum laudamus". Bernhard sah, wie emsig sie von einer Stätte zur andern hin und her eilten, um nachzusehen, ob die Gegenwärtigen wenigstens diesen Hochgesang aufmerksam und andächtig erschallen ließen, und der Heilige bemerkte, wie beim Anfange des Hymnus aus dem Munde Einiger gleichsam Flammen hervorbrachen. — Eine treffende bildliche Mahnung für Alle zum eifrigen Chorgebete!

Am Ende, resp. Anfang der Chorstühle über den Vesperstühlen ist ein Gobelins (Teppich) mit eingewirkten Figuren), welches die Anbetung der hl. Dreikönige und die Ueberreichung ihrer Geschenke darstellt und nach dem Urtheile der Kunstkenner von großem Werthe sein soll, leider aber theils von ungeschickten, theils von boshaften Händen sehr geschädiget wurde.

7. Der Hochaltar.

Vier Stufen von schwarzem, weißgestreiftem Marmor, welche rechts und links zu den Wandseiten sich etwas abrunden und einbiegen, führen zum Hochaltar, der wegen seiner Großartigkeit und sinnreichen Darstellung verdiente Bewunderung erregt.

Das Antipendium von getriebenem Metalle,*) mit stark ausgeprägten Weinlaub- und Trauben-Verzierungen ausgestattet, ist versilbert; die Stäbe sind vergoldet und in der Mitte desselben sind die Anfangsbuchstaben von Iesus Hominum Salvator
[Jesus, der Menschen Erlöser]
oder wie man es sonst noch deutet:
Iesus, Heil, Segen,
ebenfalls vergoldet und mit schön geschliffenen Glassteinen besetzt.

*) Dieses Antipendium, sowie die beiden andern am St. Bernhard- und Mariä-Himmelfahrts-Altare fertigte Joh. Georg Gehringer (1715) aus Eger um 500 fl. und 1 Dukaten Leihkauf.

Der Tabernakel, ein Meisterstück der Sculptur, gefertigt von einem gebornen Waldsassener, Karl Stilp, Bildhauer zu Eger, im Jahre 1699, ist aus Salzburger= Marmor und besteht aus drei Stücken, welche 184 1/2 Cubikfuß enthalten.*) Der ganze Tabernakel ist ein groß= artiges marmornes Gebilde von Wolken und Engeln, und stellt den englischen Gruß dar. In der Mitte befindet sich eine mit vergoldetem Metalle überkleidete Kugel, den Erdball darstellend, und enthält das Allerheiligste.

Die heilige Jungfrau, in Lebensgröße und fal= tenreicher Gewandung, ist knieend im Gebete dargestellt: ihr gegenüber der Erzengel Gabriel in gleicher Größe, stehend und Maria grüßend und ihr die frohe Botschaft, daß sie die Mutter des Allerhöchsten werde, überbringend. In der einen Hand hält er eine Lilie, die andere er= hebend, deutet er mit dem Finger zum Himmel.

Das „verbum caro factum" (das „Fleisch gewordene Wort"), das auf Mariens Zustimmung (fiat mihi secundum verbum tuum „mir geschehe nach deinem Worte") sogleich erfolgte, — ist in ihrer Mitte, nämlich der Gottmensch Jesus Christus im hl. Sakramente, das die vergoldete Kugel

---

*) Der Cubikfuß kostete 50 kr., also im Ganzen 153 fl. 45 kr., die Fracht von Salzburg bis Regensburg 60 fl., von Regensburg bis Eger 107 fl. und 7 fl. 45 kr. Leihkauf. Der Künstler erhielt für seine Arbeit 750 fl. und 24 fl. Leihkauf!!

in sich birgt, zu deren beiden Seiten ein mit gekreuzten Armen anbetender Engel sich befindet.

Ober. der Kugel ist ein Engelskopf, der als Postament für das Crucifix dient, von zwei Engeln rechts und links gehalten; ebenso halten zwei andere Engel mit der einen Hand eine Krone von vergoldetem Metalle über das Kreuz, und mit der andern eine Kerze, während noch mehrere andere Engelsköpfe da und dort, wie verwundert, hervorgucken und zwei hinter dem Kreuze in Anbetracht der unendlichen Liebe Gottes, die sich in dem dargestellten Geheimnisse kund gibt, in Liebe sich küssen.

Die Mensa (Altartisch) mit dem Tabernakel steht frei, so daß sie beim Opfergange umgangen werden kann.

An der Rückwand ist ein hoher aus grauem und schwarzem Marmor gefertigter Aufsatz, auf welchem der übrige Theil des Altars sich erhebt und vervollständiget. Auf demselben erheben sich zu beiden Seiten je zwei marmorirte Säulen; zwischen der Seitenwand und der ersten Säule steht auf der Epistelseite der heilige Bernhard mit den Leidenswerkzeugen, und auf der Evangelienseite der heilige Benedict.

Das Altarbild, von Joh. Claudius Mona aus Prag im Jahre 1695 gemalt, stellt den Kreuztod Jesu dar, im Augenblicke seines Verscheidens und der Verfinsterung der Sonne. Unter dem Kreuze sind die Mutter

Jesu, Johannes und Maria Magdalena in kräftigen und gut gelungenen Formen und sehr ausdrucksamen Gesichtszügen dargestellt; auch der Hauptmann und Longinus mit der Lanze sind ersichtlich.

Auf dem Gesimse, das sich über die Säulen und das Hauptaltarbild zieht, erhebt sich ein **kleineres**, von demselben Künstler gemaltes **Bild**, **Gott den Vater** darstellend, welches ebenfalls von zwei Säulen in die Mitte genommen wird; daneben steht auf der Epistelseite **Moses mit eherner Schlange**, dem Sinnbilde des Kreuztodes Jesu, und auf der Evangelienseite **Johannes der Täufer**, der sehr sinnreich mit dem Finger auf den Altar hinabdeutet: „Ecce, Agnus Dei" „Sehet, das Lamm Gottes."

Oben schließt der Altar mit einer Engelgruppe, welche ein vergoldetes Kreuz emporhalten.

Das Querschiff.

Das Querschiff hat eine Länge von 79 Fuß. Die beiden Flügel des Querschiffes, in welchen sich je ein Altar befindet, haben eine Höhe von 81 Fuß, eine Breite von 38½ Fuß und eine Tiefe von 20 Fuß.

1. Der mittlere Theil des Querschiffes.

In der Mitte des Fußbodens ist ein großer Cirkel eingezeichnet. Derselbe hat einen Durchmesser von 45 und eine Peripherie von 135 Fuß, und entspricht der

Kuppelwölbung, welche eine Höhe von 103½ Fuß hat und von 4 Pfeilern, den beiden Eckpfeilern des Presby=
teriums und denen des Hauptschiffes getragen wird.

Am linken Eckpfeiler befindet sich der Taufstein aus Salzburger=Marmor gearbeitet.

An den zugeschnittenen Ecken dieser vier Pfeiler sind die kolossalen Statuen der vier größten abend=
ländischen Kirchenväter mit ihren Symbolen, gefertiget von Joh. Bapt. Carlon aus Mailand, als

1. des heil. Hieronymus

mit dem Patriarchalstabe (Kreuz mit zwei Querbalken) in der einen und mit einem Buche in der andern Hand, und den Löwen zur Seite.

NB. Das Buch bezeichnet ihn als Kirchenlehrer, namentlich als den Uebersetzer der hl. Schrift (Vulgata), der Löwe deutet an, daß er in der Wüste, dem Aufent=
haltsorte der Löwen, wohnte;

2. des heil. Ambrosius,

mit Inful und Stab, mit einem Buch in der Hand und einem Bienenstock zu seinen Füßen.

NB. Inful und Stab, weil Erzbischof von Mai=
land, das Buch bezeichnet ihn als Kirchenlehrer. Wegen seiner Beredsamkeit wird er der „honigfließende" Lehrer genannt, was schon in seiner Kindheit angedeutet ward, indem, als er noch in der Wiege lag, eines Tages die schwärmenden Bienen in seinen Mund ein= und

auskrochen, ohne ihn zu verletzen; deshalb der Bienen=
stock zu seinen Füßen;

3. des heil. Augustinus,

ebenfalls im bischöflichen Schmucke, in der Rechten ein
verwundetes, brennendes Herz haltend und den Fuß auf
ein Buch gestützt.

NB. Augustinus war ebenfalls Bischof zu Hippo
und Kirchenlehrer. Das Herz in seiner Hand ist ein
Symbol seines von der göttlichen Liebe verwundeten und
brennenden Herzens. „Unser Herz ist so lange unruhig,
bis es ruht in Gott" (St. Augustin);

4. des heil. Gregorius,

des Großen mit der Tiara (dreifachen Krone) auf dem
Haupte,[1]) weil Papst, mit erhobener Rechten und dem
päpstlichen Hirtenstabe (Kreuz mit drei Querbalken) in
der Linken und einer weißen Taube[2]) auf der linken Schulter.

NB. [1]) An diese Statue knüpft sich eine gar in=
teressante liebliche Geschichte: Nach der Abreise des Fer=
tigers dieser Statue, des berühmten Künstlers Carlon,
fiel bei Abtragung des Gerüstes ein Balken auf diese
Statue und zerbrach dessen Kopf; daher wurde von einem
anderen Stukatorer ein neuer Kopf verfertiget und auf
den Rumpf der Statue gesetzt. Nach nicht langer Zeit
schickte Carlon seinen Sohn Dibacus Franziskus Carlon
von Mailand in fremde Länder und befahl ihm auch,
Waldsassen zu besuchen und da die Arbeiten seines Vaters

zu besichtigen. Nachdem er daselbst angelangt war und die verschiedenen Arbeiten seines Vaters besehen und bewundert hatte, so kam ihm auch das Haupt des Kirchenvaters Gregorius zu Gesichte, worüber er sich ungemein entrüstete und im hohen Ernste betheuerte, daß dieser Kopf die Arbeit seines Vaters nicht wäre, und nur ein Pfuscher müsse diesen Kopf zum Hohne und Spotte seines Vaters gefertigt haben. Nachdem er von dem Vorfalle Urkunde erhalten hatte, schrieb er dieses seinem Vater nach Mailand. Alsbald fertigte derselbe ein anderes Haupt, welches das wahre Ebenbild des damals regierenden Papstes Clemens XI. war, und schickte es unentgeltlich nach Waldsassen an seinen Sohn, welcher es der Statue des Gregorius wieder anpaßte, damit die Kunstwerke seines Vaters durch ungeschickte Hände nicht geschändet würden.

²) Nach der Erzählung des Diakon Petrus habe er öfters über dem Haupte Gregor's, wenn er an seinen Werken schrieb, den heiligen Geist in Gestalt einer weißen Taube schweben gesehen, daher die Taube.

Ober den Karnießen (Kehlleisten) der vier Pfeiler des Querschiffes sind die Medaillons der ersten heiligen Väter des Cistercienser-Ordens, als

gegen Osten rechts: St. Gerardus,
links: St. Richardus,
gegen Westen rechts: St. Alphonsus,
links: St. Raimundus.

In den vier kleineren Feldern des aufsteigenden Gewölbes sind folgende Bildnisse:

gegen Osten rechts: St. Albericus, wie ihm Maria das Ordenskleid überreicht,

links: St. Robertus, dessen Schreibfinger die sel. Jungfrau berührt.

gegen Westen links: St. Henricus, wie die seligste Jungfrau ihm den Stab in die Hand gibt,

rechts: St. Stephanus, wie ihm Maria das Skapulier überreicht.

In der großen Kuppelwölbung, welche sich in die ganze Höhe des Gebäudes hinaufwölbt, zeigt sich, al fresco gemalt, der herabragende Himmel mit Schaaren von Heiligen Gottes, unter ihnen die cistercienfische Familie unter dem Schutzmantel Mariens.

2. Die Kapelle mit ihrem Altare im rechten Flügel.

Der in dieser Kapelle befindliche und von Johann Fritsch, einem Waldsaffener-Schreiner gefertigte Altar wird der St. Bernhard-Altar genannt. Sein Name St. Bernhard steht in der Mitte des Antipendiums, das von getriebenen Metalle und versilbert ist. Die Buchstaben sind in einander verschlungen und vergoldet und mit Glassteinen besetzt.

Die Altarbilder sind von Andreas Masthuber (1708) gemalt. Das größere zeigt den hl. Bernhard, wie er von den Engeln in den Himmel getragen wird, während das kleinere ihn mit der Feder in der Hand und von Büchern umgeben als Doctor ecclesiae (Kirchenlehrer) darstellt.

Ueber dem Altare an der aufrechtstehenden Wand zwischen den beiden rundbogigen Fenstern zeigt ein Wandgemälde ihn im Sterben, umgeben von Ordenspriestern, welche ihm Beistand leisten.

Ein Gemälde im Rundbogen der Kapelle stellt ihn auf der Bahre dar mit der Inschrift:

Obediens usque et post mortem
(Gehorsam, auch bis nach dem Tode.*)

Auf der Außenseite des Tabernakels unter Glas befindet sich eine von Andreas Pürgl aus Eger außerordentlich fein ausgeführte Schnitzerei, welche Scenen aus dem Leben des hl. Bernhard darstellen, und zwar folgende:

---

*) Der hl. Bernhard zog wegen seiner Wunder, die an seinem Grabe geschahen, so viel Volk an sich, daß die Brüder zu Clairvaux sich in ihrer Disciplin gestört glaubten. Da trat der Ordensobere Sct. Goswin zum Grabe Bernhards und gebot dem Heiligen, mit Wundern einzuhalten und Bernhard, sagt die alte Legende, gehorchte auch im Grabe, daher obediens usque et post mortem.

1. In der Mitte ist dargestellt: Der Traum des hl. Bernhard in der hl. Christnacht, in welchem sich ihm, im Schlafe auf den Stufen des Eingangs vor der verschlossenen Kirchenthüre die Geburt Christi zeigte, welche oben in diesem Schnitzwerke dargestellt ist. Zwischen ihm und dem Bilde der Geburt Christi schwebt der englische Friedensverkünder.

2. Links unten ist dargestellt, wie Bernhard mit dem Kreuze in der Hand den Kreuzzug predigt.

3. Gegenüber rechts, wie er einen Todten wieder zum Leben erweckt.

4. Oben links ist dargestellt, wie der Heiland ihm vom Kreuze herab seine Hand darreicht.

5. Gegenüber rechts, wie Maria aus ihrer Brust ihm die Muttermilch darreicht.

6. Oben über dem Bilde der Geburt Christi ist die Bekehrung seiner Schwester Humbelina dargestellt.

Das ganze Bild ist eingerahmt von einer sehr zierlichen Filet-Granne-Arbeit, welche der Laienbruder Adalbert Eder fertigte, der auch die meisten hl. Leiber in Gold, Silber und Edelsteinen faßte.

Imposant sind die zwei aufrecht stehenden hl. Leiber: Viktorius (links) und Maximinus (links). Sie sind sehr reich und geschmackvoll gefaßt, halten in der einen Hand einen Oelzweig, und deuten mit dem Zeigefinger der andern zum Himmel. Ihre kelchartigen Blutgefäße stehen auf einem mit rothem Sammte überzogenen Schemel= chen zu ihren Füßen.

Der ganze im Rokoko=Styl von Joh. Fritsch, einem Waldsassener=Schreiner, (1702) gebaute Altar ist sehr reich an Zierrathen und Statuen.

3. Die Kapelle mit ihrem Altare am linken Flügel.

Der Altar in dieser Kapelle, gefertigt von Martin Vogler, Schreiner von Waldsassen, welcher ganz dem im rechten Flügel entspricht, ist der Himmelfahrt Mariens geweiht, daher auch der Name Maria in derselben Weise, wie am St. Bernhard=Altare, mit ineinander verschlun= genen Buchstaben im Antipendium steht.

Die Altarbilder, von Andreas Wolf aus München (1701) gemalt, sind wahre Kunstwerke und von unschätz= barem Werthe. Das größere stellt die Himmelfahrt Mariens vor. Die um den geöffneten Schrein gruppirten Apostel sind sehr ausdrucksvoll, indem alle ihre Gesichts= züge und Gestikulationen ihr Erstaunen und ihre Ver= wunderung über das Nichtvorhandensein des heil. Leibes Mariens ausdrücken.*) Ueber ihren Häuptern hebt sich Maria empor, von Engeln umschwebt.

---

*) Nach der Ueberlieferung kamen die in der ganzen Welt zerstreuten Apostel auf wunderbare Weise zum Hinscheiden der

Das kleinere Bild ist recht frisch und licht gehalten. Es stellt den göttlichen Heiland dar, der, eine Krone in der Rechten haltend, gleichsam seiner jungfräulichen Mutter entgegenschwebt, um sie bei ihrer Aufnahme in den Himmel damit zu krönen.

Das Wandgemälde zwischen den rundbogigen Fenstern zeigt den hl. Geist schwebend, von Engeln umgeben, und im Rundbogen oben ist ein von Engeln gehaltenes Schildgemälde mit der Inschrift:

Sponsa Spiritus sancti!
(Braut des hl. Geistes.)

Der bewegliche Tabernakel hat drei Abtheilungen: die erste Abtheilung zeigt ein

1. **Relief aus Holz, vergoldet**, darstellend die Bundeslade; zur Rechten der Hohepriester mit dem

---

seligsten Jungfrau nach Jerusalem. Nachdem sie ihre heilige Seele ausgehaucht hatte, trugen die Apostel selbst ihren heiligen Leichnam zu Grabe und brachten dort drei Tage mit Beten und Wachen zu. Da kam auch noch Thomas, der bei ihrem Tode nicht anwesend war und wünschte noch einmal ihr heil. Antlitz zu schauen; sie öffneten das Grab, — aber — o Wunder — das Grab war leer; nur die Blumen und Lilien und die Leichentücher fanden sich in demselben und ein lieblicher Wohlgeruch entstieg dem Sarge. Maria ward — so ist der allgemeine Glaube — in den Himmel mit Seele und Leib aufgenommen.

Ephod (hohpriesterliches Kleidungsstück) und dem Rauch=
fasse, zur Linken ein Levit mit den Schaubroden. Die
zweite Abtheilung enthält

2. eine ebenfalls von Andreas Pürgl aus Eger
**außerordentlich fein und rein gearbeitete
Schnitzerei**, deren Darstellungen man nur mit bewaff=
neten Augen erkennen kann. Die drei fein geschnitzten
Medaillons enthalten verschiedene Darstellungen der **Miß=
handlungen des Heilandes im Kerker**. Die
Engel, welche die mittleren Medaillons tragen, sind von
ausnehmender Schönheit und Reinheit. Im oberen Me=
daillon ist die **Kreuzigung**, im untern die **Grab=
legung Christi** dargestellt.

In der Mitte ist ein kleines, wahrscheinlich auf
Seide gemaltes Bild, darstellend **die Ruhe des Herrn
im Schooße Mariens**, gar lieblich und rührend. Engel
umschweben dieses Leidensbild; die einen küssen die Hand=
wunden des Herrn, während zwei andere mit einem weißen
Tuche das Kreuz unter dem Querbalken abwischen. —
Die Einrahmung, ebenfalls von dem Laienbruder Adalb.
Eder, ist ebenso schön, so zierlich und fein gearbeitet,
wie das ganze Schnitzwerk. — Auch dieses Schnitzwerk
ist aus der Hand des Andreas Pürgl von Eger hervor=
gegangen. Die dritte Abtheilung enthält

3. **Die Elfenbein=Statue des hl. Bernhard**
— ein Werk ebenso künstlerisch, als kostbar. Sie hat

eine Größe von 13½ Zoll und ist aus einem Stücke gearbeitet; nur der linke Arm allein ist angesetzt. Die ganze Statue ist sehr rein gearbeitet, das Ebenmaß in allen Theilen streng beobachtet und Lebendigkeit in der ganzen Figur; besonders ausdrucksam ist das Angesicht und zeigt den Mann des Geistes und der Frömmigkeit, der Abtödtung und innern Ergriffenheit. In der Linken hält er ein verhältnißmäßig großes Kreuz, an welchem die Leidenswerkzeuge des Herrn, ebenfalls von Elfenbein, angebracht sind.

Die beiden auf dem Altare aufrecht stehenden heil. Leiber sind: Vitalis (links) und Gratian (rechts) in reicher Fassung. In der Rechten tragen sie eine Lilie, und die Linke ist auf die Brust gelegt; auch sie haben ihre Blutgefäße zu Füßen.

Der Altar ist in demselben Style, wie der Bernhard=Altar gebaut und ebenfalls von einem Schreiner aus Waldsassen, mit Namen Martin Vogler (1700) verfertigt.

Das Kirchenschiff.

Die Länge des Kirchenschiffes bis zum eisernen Gitter beträgt 156 Fuß, und die Breite 45 Fuß. Am linken Pfeiler befindet sich die Kanzel. Sie ist recht hübsch geformt, und mit getriebenem Metalle beschlagen, das gut versilbert und theilweise vergoldet ist. Auf den vier Seiten sind in vergoldeten Medaillons die vier Evan=

gelisten angebracht. Auf dem Schallbache der Kanzel steht **Christus, als Lehrer**; zu seinen Füßen eine Engelgruppe. Zwei derselben halten folgende Inschriften dem Beschauer entgegen: „Ascendit Jesus in templum et docebat eodem (Jesus ging hinauf in den Tempel und lehrte daselbst), und: „Erat docens in templo" (Er lehrte im Tempel). Der Aufgang zur Kanzel geht durch den Pfeiler und den Abschluß oben bildet ein rother Vorhang; doch läßt sie sich unten durch ein eisernes Gitter schließen. Sie ist sehr akustisch angebracht. Ueberhaupt läßt die Akustik in der ganzen Kirche nichts zu wünschen übrig. Zu beiden Seiten des Kirchenschiffes sind je **drei Kapellen** und über denselben ebenso viele **Emporen**. An den Pfeilern sind sehr schön gemalte **Kreuzwegstationen** angebracht, gemalt von Elias Dollhopf aus Dachau in Böhmen (1767). Ueber der Vorhalle befindet sich der **Musikchor**, und unter demselben ein **großes Oratorium** und zu dessen beiden Seiten **je eine kleine Loge**.

1. Die Seitenkapellen.

Die in den hohen Rundbogen befindlichen ovalförmig gebauten Kapellen haben eine Höhe von 54 Fuß, eine Breite von 26 Fuß und eine Tiefe von 17 Fuß, und sind durch ein eichenes Geländer abgeschlossen. Außer dem im Rokoko-Style gebauten Altare befindet sich zu beiden Seiten ein Beichtstuhl aus Eichenholz und kann man von einer Kapelle zur andern durch den Pfeiler gehen. — Am äußeren Theile des Rundbogens ruht zu beiden Seiten je ein Engel und eine Jungfrauengestalt. Die Jungfrauengestalten stellen die theologischen und moralischen Tugenden vor. In der Mitte des Rundbogens ist ein Schild, auf welchem sinnreiche Stellen aus der hl. Schrift gestanden, welche aber leider übertüncht wurden. Ueber den Kapellen sind die Emporen in derselben Rundbogenform. Die Kapellen haben oben in die Emporen ovalförmige Oeffnungen, welche mit einem Geländer eingefaßt sind, und über denselben in den Emporen ist ein Deckengemälde in ovaler Form.

2. Die Altäre in den Kapellen der Südseite.

An den St. Bernhard-Altar reiht sich

1. Der Altar des hl. Benedictus, eine Statue, welcher in der Ordenskleidung mit dem Regelbuche in der Hand in der Mitte des Altares sich befindet. Zu beiden Seiten sind die Statuen des hl. Albericus, Guilelmus und Lambertus (rechts), und des hl. Raimundus, Fastrechus und Stephanus (links).

Auf dem Altartische ist der Leib des heiligen Deobatus in ruhender Stellung mit einem Oelzweige in der Hand und dem Blutgefäße in der Nähe seines Hauptes.

An der Decke über dem Altare im Emporium ist die Abbildung der **Esther** vor **Assuerus**.

2. **Der Altar des heil. Erzengel Michael.** Das Altarbild — ein Gemälde von Jos. Ignaz Apiani, einem Italiener — stellt den Kampf des hl. Erzengel Michael mit Lucifer und dessen Sturz dar. Rechts ist die Statue des hl. Erzengels Raphael, links die eines hl. Schutzengels.

Auf dem Altare ist der Leib des hl. **Theodorus**, eines christlichen Soldaten, daher trägt er auf seinem Haupte einen Helm und in der Hand ein Schwert, mit einer Lilie umwunden, und sein Blutgefäß steht zu seinen Füßen.

An der Decke oben ist die Tochter **Jephte's** abgebildet.

3. **Der Altar der hl. Maria Magdalena.** Die Hauptvorstellung dieses Altares ist eigentlich die schmerzhafte Mutter Gottes unter dem Kreuze mit dem heiligen Leichnam Jesu auf ihrem Schooße. Maria Magdalena ist mehr eine Nebenfigur und nächst der schmerzhaften Mutter.

Auf dem Altare ist der Leib des **heil. Leviten Valentinus**; nebst seinem Haupte auf einem Buche steht sein Blutgefäß in Form einer Schale. Das kleine Täfelchen von Stein oben im Schreine mit der Inschrift seines Namens und Standes soll den Catacomben, wo sein Leib begraben war, entnommen sein.

Die Statue oben im Kranze des Altares stellt die hl. Katharina von Siena dar.

Im Plafond dieser Kapelle ist die Abbildung Abrahams und Isaak's. —

3. Die Altäre in den Kapellen der Nordseite.

An den Mariä-Himmelfahrt-Altar reiht sich

1. Der Altar der Apostel, ist eine Arbeit des Joh. Mich. Hauptmann, Schreiners von Waldsassen. In der Mitte des Altars ist die Statue des Weltheilandes. Zu beiden Seiten die Apostel: Petrus, Andreas und Johannes (links), und Paulus, Jakobus und Philippus (rechts). Oben im Kranze des Altares ist das Herz Jesu.

Auf dem Altare ist der Leib des hl. Maximus in liegender Stellung mit einem Oelzweig in der Hand. Sein Blutgefäß scheint aus einem krystallenen Stoffe zu sein.

Das Deckengemälde dieser Kapelle zeigt die Versöhnung der Abigail mit David.

2. Der Altar des hl. Apostels und Evangelisten Johannes. — Das Hauptbild dieses Altares ist ein Gemälde von Apiani; es zeigt den hl. Bernhard wie er betend seine Hände zum Himmel erhebt, und die Erscheinung des heil. Evangelisten Johannes. Links ist die Statue des hl. Johannes des Täufers, rechts die des hl. Johann von Nepomuk. Oben im Kranze ist der hl. Geist in Gestalt einer Taube dargestellt.

Der Leib des hl. Alexander, der auf dem Altare sich befindet, hält sein Blutgefäß in der Hand.

Das Deckengemälde stellt das Opfer des Melchisedech dar.

3. Der Altar der hl. Jungfrau und Märtyrerin Katharina, deren Statue oben im Kranze des Altares sich befindet; sie hält einen Palmzweig in der Hand und neben ihr ist ihr Marterwerkzeug: das Rad. Das Hauptbild des Altares ist jedoch die Darstellung der schmerzhaften Mutter Gottes unter dem Kreuze; zu beiden Seiten steht ein Engel; auf dem Schilde des Engels zur Linken stehen die Worte: „Sieh', deine Mutter!" auf dem zur Rechten: „Sehet, ob ein Schmerz dem meinigen gleicht."

Die beiden Statuen sind: Die hl. Katharina, Jungfrau und Märtyrerin, mit Kelch und Palmzweig links, und die heilige Apollonia, mit Zange und Zahn, und Lilie rechts.

Der Leib der hl. Jungfrau und Märtyrerin Ursa hält in der einen Hand den Palmzweig und auf der andern trägt sie ihr Blutgefäß. Die Unterlage des Schreines, in welchem der hl. Leib ruht, hat die Form eines Scheiterhaufen. Zu ihren Füßen ist ihr Grabstein mit Inschrift. Im Deckengemälde ist Daniel in der Löwengrube dargestellt.

4. Die Pfeiler, Wandflächen und Stukator-Arbeiten über dem Gesimse.

Zu beiden Seiten des Kirchenschiffes erheben sich je 4 Pfeiler, von denen die beiden mittleren etwas zurücktreten, während die andern beiden mehr hervortreten. Jene haben auch in der Mitte herab eine Laubverzierung, an deren Ende die sogenannten Apostelleuchter angebracht sind. Obrr den Kapitälen sind die Medaillons von Heiligen aus dem Cistercienser-Orden.

Ueber jeder der Seitenkapellen ist ein offenes Emporium in derselben Rundbogenform. Das Mauerwerk zwischen den Emporen und Kapellen hat die **Form eines Gitters**, das sich durch die Pfeiler zieht und fortsetzt durch das ganze Kirchenschiff und zwischen dem Musikchor und dem großen Oratorium. Ebenso zieht sich über die Emporen ein breit hervorstehendes Gesimse mit einem **reichen Laubgewinde** hin.

Ober dem Gesimse in gerader Linie über den Kapellen und Emporen ist je ein rundbogiges Kirchenfenster; zu beiden Seiten derselben an den Zwickeln des aufsteigenden Gewölbes stehen auf Sockeln die zehn vorzüglichsten **Propheten des alten Testamentes** in kolossaler Größe, diesen voran David und Salomon mit dem Scepter in der Hand und der Krone auf dem Haupte, also je sechs auf einer Seite, während auf dem Gesimse der beiden vorderen Pfeiler ein Engel in gleicher Größe sitzt.

5. Die Deckengemälde des Kirchenschiffes.

Das Kirchenschiff hat ein **Tonnen-Gewölbe mit vier Gewölbegurten**. In der Mitte des vordersten

Gurtbogens, zunächst des Querschiffes, ist das **churbayerische Wappen**; am Gurtbogen, hinter welchem sich der Musikchor befindet, ist das **Klosterwappen**.

Durch die Gewölbegurten werden die Deckengemälde in **drei Abtheilungen** ausgeschieden.

Jede dieser Abtheilungen enthält in der Mitte ein **größeres längliches Feld**, das von 4 **kleineren Feldungen** umgeben ist. In denselben sind die **Rosenkranzgeheimnisse** dargestellt und zwar:

1. Die **freudenreichen Geheimnisse** in den Feldern der Abtheilung, welche an den Chor sich anschließt, und ist im größeren ovalen Felde **der Heiland im Tempel** dargestellt, wo ihn Maria und Joseph unter den Schriftgelehrten fanden. Einem dieser Zuhörer hat der Maler Steinfels sein eigenes Conterfei gegeben. Die kleineren enthalten:

a. den Gruß des Erzengels Gabriel und die Ueberschattung des hl. Geistes;

b. die Begrüßung der hl. Elisabeth;

c. die Geburt Jesu;

d. die Aufopferung Jesu im Tempel.

2. Die **schmerzhaften Geheimnisse** in der mittleren Abtheilung. Im größeren Felde ist die **Kreuzigung Christi** dargestellt; besonders bemerkenswerth ist an diesem Gemälde, daß der gekreuzigte Heiland dem

Beschauer überall in der Kirche das Angesicht zuwendet. — Die vier kleineren Felder enthalten die Darstellungen

a. des blutschwitzenden Heilandes am Oelberge,
b. des gegeißelten,
c. des borngekrönten, und
d. des kreuztragenden Heilandes.

3. Die **glorreichen Geheimnisse** sind in der vorderſten Abtheilung, zunächſt des Querſchiffes. Im großen Felde: **die Krönung Mariens im Himmel.** Die 4 kleineren ſtellen dar

a. die Auferſtehung und
b. die Himmelfahrt Chriſti,
c. die Sendung des hl. Geiſtes, und
d. die Aufnahme Mariens in den Himmel.

6. Der Ueberbau über die Vorhalle.

Ueber der Vorhalle iſt

1. ein **großes Oratorium.** Der Rundbogen desſelben ſpannt ſich über die ganze Breite des Kirchen= ſchiffes und iſt mit Glasfenſtern verſchloſſen. Die Bruſt= wand, in der Mitte etwas ausgebogen, hat die Form eines ausgeſchlagenen ziegelrothen Teppiches. Ueber dem Ora= torium iſt

2. der **Muſikchor.** Auch derſelbe hat in der Mitte eine Ausbauchung, in der das Poſitiv der Orgel

steht, und deren teppichartige Ueberkleidung ist von bläu=
licher Farbe. Oben in der Decke des Rundbogens ist
der Chor der Engel abgebildet. In dem einen der Me=
daillons über den Chorpfeiler ist die hl. Humbeline
und ihr gegenüber die hl. Hildegardis al fresco gemalt.
— An der Rückwand des Chores ist eine Uhr mit großem
Zifferblatte und Schlagwerke.

Der Hauptschmuck ist

die Orgel,

großartig in ihrer äußeren Gestalt und in ihrem inneren
Baue. Schon ihr Gehäuse, reich an Zierathen und Engels=
figuren, ist sehr imposant, noch mehr aber ihr Mechanis=
mus im Innern, der sich ebenso sehr durch Eleganz,
als durch Einfachheit seiner Construktion auszeichnet.
Alles dieses aber übertrifft die Kraft und Fülle, die
Milde und der Wohlklang ihrer Töne.

Sie hat 32 klingende Register. Der Spieltisch, mit
2 Manualen und Pedal, elegant gearbeitet, steht in der
Mitte des Chores auf etwas erhöhtem Platze. Fünf
Bälge liefern hinlänglichen Wind ohne alles Geräusch und
die Windkanäle, Windläden und Pfeiffenstöcke sind sehr
solid und dauerhaft gearbeitet.

Im Jahre 1864 wurde sie dem Augustin Bittner,
Orgelbauer in Nürnberg, zur Reparatur übergeben, der
sie fast gänzlich umarbeitete und neu herstellte — so, daß

man sagen darf — in ihrer jetzigen Gestalt ist sie sein Werk. *)

C. Die Gruft.

Die Gruft ist ein Meisterwerk unterirdischer Bauten Ihr Baumeister ist Abraham Lentner. Die Grundgrabung der Gruft scheint schon um das Jahr 1681 gleichzeitig mit dem Baue des Conventgebäudes und der Keller begonnen worden zu sein; denn alle Angaben stimmen darin überein, daß an der Kirche 24 Jahre gebaut und dieselbe im Jahre 1704 vollendet und eingeweiht wurde. Sie hat ein Fundament von 67 Fuß Tiefe und soll auf sogenannten Bürsten stehen, da die Gegend ehedem sehr sumpfig war. Ihre Höhe beträgt 13 Fuß. Sie breitet sich unter der Kirche in ihrer ganzen Länge und Breite aus.

Zur Gruft führen drei Eingänge:

1. einer befindet sich in der Kirche, und zwar gleich beim Gitter des Einganges in die Kirche,

---

*) Die ursprüngliche Orgel wurde von Christ. Ehebaicher, Orgelmacher von Salzburg, 1698 gebaut um 1136 fl. nebst Kost und Herbeischaffung des dazu nothwendigen Materiales. Das Gehäuse und die Zierathen verfertigte der Schreiner Martin Hirsch von Waldsassen und Georg Baader, ebenfalls von Waldsassen, faßte sie im Jahre 1765 um 762 fl.

welcher jedoch mit festen Granitsteinen überlegt ist. Von da hinab führen mehrere Stufen;

2. die **beiden andern Eingänge** sind auf der Ostseite, offen und nur mit einem eisernen Gitter verschlossen.

Die Särge der Mönche sind in der südlichen und westlichen Wand eingeschoben und mit Inschriften auf Marmorplatten gekennzeichnet und sind ihrer oft mehrere Reihen über einander; indeß sind die Inschriften in Bezug auf ihren Inhalt nicht mehr verläßig. Da die Gruft nach Klosteraufhebung längere Zeit zu Bierkellern verwendet und darin viel herumgearbeitet wurde, so wurden vielfach die Denksteine in späterer Zeit willkürlich an die Wände hingeheftet.

Der letzte Abt, Athanasius Hettenkofer (gestorben 12. Juni 1803), welchem man die Ruhestätte in der Gruft nicht mehr gönnte, sondern ihn im Friedhofe beerdigte, wurde erst im Jahre 1856 zu seinen ihm vorangegangenen Mitbrüdern in die Gruft zurückgebracht und befindet sich am östlichen Eingang zwischen den zwei ersten Pfeilern rechts.

Wohl Niemand durchschreitet diese dunklen, stillen Gänge, ohne von tiefer Wehmuth und von heiligem Ernste ergriffen zu werden — er müßte schon recht harten Gemüthes sein; denn, wahrlich, nirgends fühlt man so recht das Wort des Predigers: „**Alles geht hin an einen Ort**" (Pred. 3, 20), als hier in diesem unterirdischen

Convente der Todten. Hier ist ja der Sammelplatz Aller, welche Jahrhunderte hindurch die heiligen Räume des Klosters belebt hatten. Der Tod hat sie in diesen unterirdischen Convent geführt. Jedem hat er seine Zelle angewiesen und wohl verschlossen bis zum Tage der allgemeinen Auferstehung. Einst oben im Heiligthume des Herrn Gottes Lob verkündend, ruhen nun ihre entseelten Leiber, unter demselben und ihre entfesselten Seelen rufen „de profundis" „aus der Tiefe" zum Herrn und flüstern bittend Dir, freundlicher Besucher, zu: „Miseremini mei, miseremini mei," „Erbarmet euch meiner."

Ja, erbarme Dich ihrer und bete für die Seelen dieser eingemauerten Bewohner ein Pater noster und Ave Maria mit

„Requiescant in pace."

D. Sehenswürdigkeiten außer der Kirche.

Dahin gehören

I. Der Bibliothek-Saal,

höchst interessant; obwohl der Inhalt desselben — die Bücher — sämmtlich ausgewandert sind in die Bibliotheken nach München und der größte Theil derselben nach Amberg, wo bei einem Brande im Jahre 1815 am

3. Juni eine Partie der Waldsassener Werke ein Raub der Flammen wurde. Es ist nur mehr das Gehäuse, gefertiget von Andreas Wibt, Schreiner zu Waldsassen, vorhanden. Nicht nur die Schränke, sondern auch das Geländer der Gallerie und die Wände, sind mit **pracht= vollen Ornamenten**, in welche verschiedenartige **mythische Thiergestalten** und andere **symbolische Figuren** hineinverschlungen sind, ausgestattet.

Schon gleich beim Aufgange zum Saale, außen zu beiden Seiten der Thüre präsentiren sich **zwei allego= rische Statuen**, darstellend die Symbole der **antiken** und der **christlichen Wissenschaft**. Oben über der Thüre ist das **Wappen des Abtes Eugen Schmid** (1724—1744), des Erbauers der Bibliothek.

Der Saal ist sehr geräumig und hell und erhält sein Licht durch sechs hohe Rundbogen=Fenster. Um die drei Seiten des Saales zieht sich eine **Gallerie**, welche von **lebensgroßen allegorischen Männer=Sta= tuen** gestützt wird, die zweifelsohne ihre Bedeutung und ihre Beziehung hatten zu den einzelnen Fächern der wissen= schaftlichen Werke.

Gleich beim Eintritte in den Saal stehen zu beiden Seiten nächst der Thüre zwei solcher Statuen. Die eine rechts soll den letzten Baumeister des Klosters und der Kirche, Bernhard Schießer, darstellen, — die andere links den **Klosterrichter**, der immer in den Bildhauer drang, ihn auch bildlich im Bibliothek-Saale anzubringen. Der Bildhauer ging darauf ein, spielte ihm jedoch den Schabernack, daß er ihm Eselsohren ansetzte und dann schnell abreiste.

Eine andere Statue zeigt einen Mann mit langem, dichtem Barte, in welchem sich die Mäuse einnisteten, und stellt wohl den Stubengelehrten vor. Ihm gegenüber ist ein Bauer in egerländler Tracht, der seine beiden Arme auf seine Schenkel stützt und von der Schwere der Last den Mund aufsperrt, um Athem zu holen und symbolisirt wahrlich das geringe Interesse dieses Standes an den Wissenschaften.

Einige Schritte weiter gewahrt man die Statue eines Soldaten und eines Hofnarren. — An der dem Eingange gegenüber befindlichen Thüre steht auf der einen Seite ein Germane mit seiner Bärenhaut und den üblichen Schnabelschuhen; auf der andern Seite ein römischer Patricier, vielleicht den Sieg der kath. Wissenschaft über das römische und germanische Heidenthum symbolisirend. Eine Statue, welche auf der Fensterseite steht, trägt einen Turban und weiter zurück befindet sich eine andere, deren Nase von einem Storchenschnabel, der sich über den Kopf der Statue herabbeugt, zusammengedrückt wird, wodurch wahrscheinlich die Nasenweisheit versinnbildet ist.

Die Fresco-Malereien des Plafond und der Wände sind sehr schön und ihre Farben jetzt noch sehr frisch und lebhaft. Sie sind ein Werk des Karl Hofreuther aus Eger.

An den Wänden sind in acht Medaillons die vorzüglichsten Kirchenväter der abend- und morgenländischen Kirche und in zweien die beiden größten Kirchenlehrer des Mittelalters abgebildet, und zwar

1. in der ersten Hälfte des Saales: Hieronymus und Ambrosius rechts, und Augustinus und Gregorius links;

2. in der zweiten Hälfte: Basilius und Athanasius rechts, und Joh. Chrysostomus und Gregor von Nazianz links;

3. in der Mitte zwischen den abend- und morgenländischen Kirchenvätern sind die Repräsentanten der speculativ-theologischen und der mystisch-ascetischen Wissenschaft: Thomas von Aquin rechts und Bernhard links.

Der Plafond ist ebenfalls in zwei Hälften abgetheilt; jede hat ein kleineres und ein größeres Feld.

1. In der ersten Hälfte des Plafond zeigt

a. das kleinere den hl. Bernhard, wie der Heiland vom Kreuze herab ihn umarmt; zu den Füßen des Heiligen sind Todtenkopf und Geißel und ein aufgeschlagenes Buch mit der Inschrift: Haec mea philosophia scire Jesum (Das ist meine Philosophie, Jesum zu kennen);

b. das größere zeigt, wie Bernhard von Jesu und Maria mit Blut und Milch gestärkt wird, daher stehen auch nebenbei die Worte: Hinc pascor a vulnere. Hinc lactor ab ubere Mariae. (Daher von der Wunde (Jesu) werde ich genährt; daher von der Brust Mariens gesäugt.)

2. In der zweiten Hälfte sieht man

a. im kleineren Felde den hl. Bernhard sitzend in seiner Zelle mit einer Schrift in der Hand, welche lautet: Jesu, dulcis memoria (Jesu, süße Erinnerung) als Verfasser dieses schönen Hymnus;

b. im größeren ist das Concil von Rheims dargestellt. So besagt es des Schildes Inschrift: Concilium Rhemense, in quo Gilbertus porctanus episcopus pictaviensis a. S. patre Bernardo fuit convictus coram Eugerio III. (Concilium von Rheims, in welchem Gilbert de la Porée, Bischof von Poitiers vom heil. Vater Bernhard besiegt wurde in Gegenwart Eugen III.) Papst Eugen sitzt auf einem erhabenen Throne; Bernhard aber steht in der Mitte mit erhobener Rechten, umgeben von Mönchen, Bischöfen und Cardinälen und vertheidigt die Lehre der Kirche über die hl. Dreifaltigkeit, welche auch am oberen Theile des Gemäldes abgebildet ist, gegen den Bischof Gilbert, der zwischen Gottheit und Gott einen Unterschied machte, und widerlegt ihn vollständig. Gilbert kniet deshalb demüthig an den Stufen des päpstlichen Thrones und unterwirft sich. Die allerheiligste Dreifaltigkeit aber zeigt sich oben im Bilde. In diesem Bilde hat sich der Maler unter den Zuhörern selbst abconterfeit mit einer rothseidenen Kappe auf dem Kopfe und etwas spitzigem Gesichte. Auch ist ein Hund mit schwarzer Schnauze, ein Mops angebracht, der den Beschauer, er mag was immer für eine Stellung im Saale nehmen, nachschaut, und gilt als ein Wahrzeichen, den Saal gesehen zu haben.

3. In der Mitte der beiden Hälften ist ein rundes Medaillon mit der Inschrift:

Seu tibi sacra placent, seu te juvat ethnica charta,
Haec tibi cum lucro bibliotheca dabit;
1724.

was sich vielleicht also übersetzen läßt:

Liebst du der Heiligen oder der heidnischen Werke Lectüre,
Dies beut dir mit Gewinn hiesige Bibliothek.

Beachtenswerth ist noch ein Stukatur-Relief an der Wand unter dem Medaillon, Ambrosius. Dasselbe stellt wahrscheinlich eine chinesische Gottheit dar, da unter ihr zwei Männchen sich befinden, in einem Costüme, wie die Chinesen uns bildlich dargestellt werden.

Es müßte höchst interessant sein, wer alle diese symbolischen und allegorischen Figuren und Bilder und die

Beziehungen zu einander und zu dem ehemaligen Inhalte der Bibliothek zu deuten wüßte, und ihre richtige Deutung würde uns gewiß hohe Achtung einflößen vor dem Ideenreichthum und dem tiefsten Einblick in die Symbolik vergangener Zeiten.

König Ludwig I., der erhabene Kunstkenner, hat diesen Saal dem jedesmaligen Eigenthümer dieses Klostertheils zur Benützung überlassen, jedoch mit der Bedingung der Unveräußerlichkeit und Unveränderlichkeit.

II. Das Erziehungs-Institut.

Die Frauen des Cistercienserinen-Ordens, welche im Jahre 1863 den südlichen Theil des Convent-Gebäudes angekauft hatten, errichteten in demselben ein Erziehungs-Institut, welches sich im dritten Stockwerke befindet.

Es besteht aus einem Refectorium, zwei Schlafsälen und mehreren Lehrzimmern für Elementar-, Sprachen-, Musik- und Arbeits-Unterricht. Refectorium und Schlafsäle sind sehr geräumig und hell, und sonnig und trocken. Die Ordnung und Reinlichkeit, welche allenthalben herrscht, ist musterhaft, und es lohnt sich der Mühe, dasselbe zu besuchen, zumal, da die ehrwürdigen Frauen jeden anständigen Besucher mit aller Bereitwilligkeit und Leutseligkeit in den oberen Räumen des Klosters herumführen, wodurch man zugleich einen genaueren Einblick gewinnt in die Größe und den Umfang dieses Prachtbaues.

Ueber die Vortrefflichkeit dieses Erziehungs-Institutes läßt sich nichts Besseres und Empfehlenderes sagen, als was das „N. Bayerische Volksblatt" (1871. N. 272. pag. 1086) in einer Correspondenz darüber mittheilt: „Dieses erst seit dem Jahre 1866 bestehende „Pensionat", sagt dieses Blatt, „hat in Folge der Lehrtüchtigkeit der Frauen und der guten, billigen Verpflegung der Zöglinge, sowie der gesunden Lage sich schon einen weiten Ruf erworben, nicht nur in der Oberpfalz, sondern auch in den altbayerischen Provinzen, und selbst auch im Nachbarlande Böhmen, welches jährlich etwelche Zöglinge liefert. Die Zahl wächst von Jahr zu Jahr . . . . Was das Pensionat besonders vortheilhaft empfiehlt, ist, daß die Zöglinge nicht nur in den Elementar-Gegenständen und andern Kenntnissen, wie man sie heutzutage in der gebildeten Welt fordert, als im Französischen, Englischen, Italienischen, in der Musik ꝛc. Unterricht erhalten, sondern auch in den im gewöhnlichen Haushalte nothwendigen und häufig vorkommenden Arbeiten, und daß ihre Erziehung keine Verhätschlung und Abrichtung für's Salonleben, sondern für das praktische, christliche Familienleben ist, und das — ist das Hauptstreben in diesem Pensionate und gewiß auch die Hauptsache in der Erziehung der weiblichen Jugend; denn in ihr liegt ja größtentheils der Grund der Wiedergeburt einer besseren Generation für die Zukunft."

Schluß und Abschied.

So habe ich Dich denn, freundlicher Besucher, herum=
geführt in den heiligen Räumen dieses herrlichen Baues.
Wir haben ihn betrachtet außen und innen, und unten
in seiner Tiefe und auch, so weit es möglich, in seinen
oberen Räumen.

Wie massiv und großartig ist der ganze Bau! Wie
streng symmetrisch gehalten und wie kunstvoll ausgestattet.
Geist und Leben herrscht in allen seinen architektonischen
Gebilden, die ebenso reich an erhabenen Gedanken und
Ideen sind, als an künstlerischen Formen und Verzierungen.

Wohl hat der Zahn der Zeit an Kirche und Kloster
sehr genagt, und der aufgewirbelte Staub vieler Jahr=
zehnte viel beschmutzt und bedeckt, — die Säcularisation
sie ausgeplündert und die Staats= und Privatwirthschaft
in und an diesem Prachtbaue viel geschädiget, aber —
noch immer steht er da, großartig und ehrwürbig — ein
sprechendes Denkmal christlicher Baukunst und frommen
Sinnes vergangener Jahrhunderte.

Wahrlich nur eine von Glauben und Religion durch=
drungene und für Gott und die Kirche begeisterte Zeit

konnte solch' großartige Schöpfungen hervorbringen, die unsere glaubensarme und opferscheue Zeit kaum mehr zu erhalten und auszubessern im Stande ist.

Darum mag wohl neben dem Staunen und der Bewunderung auch stille Wehmuth Dich beschlichen haben bei dem Anblicke so mannigfacher Defecte und Schäden, die sich da und dort im Innern und Aeußern zeigen, und die in Folge der Zeit immer mehr sich mehren und vergrößern werden, wenn nicht eine gründliche Restauration sie beseitiget, welche dieser altehrwürdige Gottesbau wohl verdiente und beanspruchen kann — mit vollem Rechte.

Nun, lebe wohl, freundlicher Besucher! Nicht unbefriedigt, — hoffe ich, — wirst Du scheiden und der Eindruck, den dieses herrliche und prachtvolle Gotteshaus auf Dich gemacht hat, wird wohl kein ungünstiger sein. Bewahre ihm und ganz Waldsassen
  ein freundliches Andenken.
  O. A. M. D. G.

Inhalts-Verzeichniß.

                                                         Seite.

Titelblatt 1
Widmung 3
Vorrede 5
Einladung 7

A. **Das Aeußere der Kirche.**
   I. Umfang, Größe und Bauart 8
  II. Die Façade 9

B. **Das Innere der Kirche.**
   I. Im Allgemeinen 10
  II. Die einzelnen Theile der Kirche.
    Die Vorhalle 11
    Das Presbyterium 12
      1. Schlußwand 12
      2. Die Deckengemälde des Presbyteriums . . 13
      3. Südliche Seitenwand 16
      4. Nördliche Seitenwand 16
      5. Ober dem Gesimse der beiden Seitenwände . 17
      6. Die Chorstühle mit ihren Sculpturen und Bildern 17
      7. Der Hochaltar 20
    Das Querschiff 23
      1. Der mittlere Theil des Querschiffes . . . 23
      2. Die Kapelle mit ihrem Altare im rechten Flügel 27
      3. Die Kapelle mit ihrem Altare im linken Flügel 30

                                                    Seite.
Das Kirchenschiff 33
  1. Die Seitenkapellen 34
  2. Die Altäre in den Kapellen der Südseite . 35
  3. Die Altäre in den Kapellen der Nordseite . 37
  4. Die Pfeiler, Wandflächen und Stukatur-Arbeiten
     über dem Gesimse 38
  5. Die Deckengemälde des Kirchenschiffes . . . 39
  6. Der Ueberbau über die Vorhalle 41
C. Die Gruft 43
D. **Sehenswürdigkeiten außer der Kirche.**
  I. Der Bibliothek-Saal 45
  II. Das Erziehungs-Institut 51
Schluß und Abschied 53